# LE DUEL SUPPOSÉ,

## COMÉDIE
### EN UN ACTE ET EN PROSE,

PAR M. LANGERON.

Représentée pour la première fois à Paris, sur le Théâtre de l'Ambigu-Comique, le Jeudi 5 Février 1789.

---

Le prix est de 1 liv. 4 sols.

---

## A PARIS,

Chez CAILLEAU, & fils, Libraires-Imprimeur, rue Gallande, N°. 64.

---

M. DCC. LXXXIX.

| PERSONNAGES. | ACTEURS. |
|---|---|
| M. HERVÉ, Notaire. | M. Picardau. |
| Madame HERVÉ. | M<sup>lle</sup> Chefnier. |
| MERVAL. | M. Damas. |
| VERSEUIL, ami de Merval. | M. Laville. |
| GERVAL, ami de M. Hervé. | M. le Lievre. |
| UN DOMESTIQUE. | |

*La Scène est chez M. Hervé.*

# LE DUEL SUPPOSÉ,
## *COMÉDIE.*

( *Le Théâtre repréfente un Sallon.* )

## SCÈNE PREMIERE.
### MERVAL, VERSEUIL.

#### VERSEUIL.

JE ne te conçois pas ; toi trifte, toi rêveur ! Quel etrange changement ! Eh mon cher Merval, eft-ce à toi de connoitre le chagrin ? Adoré des femmes, honoré de la haine de Meffieurs les maris, n'es-tu pas le plus heureux des hommes ?

#### MERVAL.

Préfentement j'en fuis le plus malheureux.

VERSEUIL.

Es-tu fou ?

MERVAL.

Tu sais que je me suis arrangé avec Zirphé, & que pour remplir son cœur....

VERSEUIL.

Il a fallu vuider ta bourse.

MERVAL.

Ses caprices m'ont mis à sec: pour m'achever elle vient de m'apprendre d'un ton léger qu'elle a fait acquisition d'une petite maison de campagne; vous irez, me dit-elle, la payer demain, la somme est une bagatelle, deux cens louis. Là-dessus je veux lui faire des représentations; mais, aussitôt elle ouvre une lettre de Dercourt, paroît s'attendrir en la lisant, & l'émotion qu'elle éprouve s'accroît en raison de la fermeté de mes remontrances.

VERSEUIL.

Eh bien!

MERVAL.

Tu me connois trop pour penser qu'une folle passion m'attache à Zirphé; la vanité seule m'enchaîne à son char; mais quelquefois les nœuds de l'amour-propre sont plus difficiles à dénouer que ceux de l'amour.

VERSEUIL.

Eh! dis-moi, n'as-tu pas la ressource de la femme de ce bon Notaire chez lequel ton vieux bon homme de père t'a placé ? l'amitié particulière que Madame Hervé a conçue pour toi, lui a déja fait faire bien des sacrifices ; ne peut-elle pas encore....

MERVAL.

Mais songe-donc qu'il n'y a point de jour où je

ne mette son attachement pour moi à contribution; elle doit croire que je n'ai besoin de rien, & deux cens louis, c'est une si forte somme....

#### VERSEUIL.

Il faut ruser.... Attends.... Mon imagination travaille.... J'y suis.... Dès que tu verras Madame Hervé, parois inquiet, rêveur, enfoncé dans les réflexions, frappé de quelqu'idée sombre ; tu ordonneras à ton valet, de te préparer tes bottes, un cheval ; tout cela d'un air de mystère. Tu sortiras en lui jettant un regard triste, rempli de douleur, & en disant à demie voix : la reverrai-je ! ensuite.... Mais j'entends quelqu'un ; c'est peut-être Madame Hervé. Fais ce que je te dis, & viens me rejoindre au Caffé du Caveau où je t'attendrai.

#### MERVAL.

Mais dis-moi....

#### VERSEUIL.

L'air sombre, farouche, paroissant rouler dans la tête quelque projet sinistre. Au revoir.

#### MERVAL.

Mais encore....

#### VERSEUIL.

Adieu.

#### MERVAL.

Au moins....

#### VERSEUIL.

Au Caveau.

( *Verseuil sort.* )

## SCÈNE II.

### MERVAL, *seul.*

Quel est donc le projet de Verseuil ? J'ai beau y réfléchir, je ne puis concevoir.... Quoi qu'il en soit, suivons toujours ses conseils.... Mais quoi ! Tromper Madame Hervé ! Elle qui a pour moi des sentimens si purs, si désintéressés : je lui dois cette justice, elle s'est attachée à moi ; mais fidelle aux loix de l'honneur & de l'hymen, c'est à l'amitié seule que je dois ses bienfaits.

## SCÈNE III.

### MERVAL, Madame HERVÉ.

#### Madame HERVÉ.

Ah ! c'est vous, mon cher enfant, je suis charmée de vous trouver ici, je craignois que vous ne fussiez déjà sorti.

#### MERVAL.

Sorti ? sans vous voir ! avez-vous pu le penser ?

#### Madame HERVÉ.

Que vous-êtes aimable !... Mais qu'avez-vous ? vous paroissez préoccupé, & même un peu triste.

#### MERVAL.

Madame, je n'ai rien.

#### Madame HERVÉ.

Ma maison commenceroit-elle à vous déplaire ?...

# COMÉDIE.

MERVAL.

Ah! Madame!

Madame HERVÉ.

Y ressentiriez-vous de l'ennui?

MERVAL.

L'ennui & vous, Madame, peuvent-ils loger ensemble.

Madame HERVÉ.

Mon mari est un étrange homme, sa franchise brusque a pû vous importuner, vous impatienter. Il est du dernier bourgeois. Heureusement que toujours retiré dans son cabinet, il ne nous assomme pas souvent de sa présence & de ses discours.

MERVAL.

Les grâces de votre esprit me dédommagent assez de celles qui manquent au sien.

Madame HERVÉ.

Pourquoi donc cet air rêveur, chagrin!

MERVAL.

Ce n'est rien, non, ce n'est rien. (*Appellant.*) Henri.

HENRY, *accourant.*

Monsieur.

MERVAL.

Mes bottes, un cheval.            (*Henry sort.*)

Madame HERVÉ, *avec inquiétude.*

Où donc allez-vous?

MERVAL, *d'un air embarrassé.*

Où je vais? (*A part.*) Que diable dirai-je. (*Haut.*) Au bois de Boulogne. j'ai un violent mal de tête; l'air, la promenade pourront le dissiper.

A 4

8 LE DUEL SUPPOSÉ,

Madame HERVÉ.

Merval.

MERVAL.

Madame.

Madame HERVÉ.

Vous m'inquiétez.

MERVAL.

Quelle idée.... Raſſurez-vous.... Adieu Madame. ( *A demie voix.* ) La reverrai-je ?

Madame HERVÉ, *vivement.*

Que dites vous ?

MERVAL, *en lui baiſant la main & avec expreſſion.*

Adieu, Madame. ( *à part.* ) Allons rejoindre Verſeuil.

## SCENE IV.

### Madame HERVÉ, *ſeul.*

LA reverrai-je ?.... Je n'ai pas une goutte de ſang dans les veines. Oh ! ciel ! que veut-il dire ? quel eſt ſon deſſein ? où peut-il aller ? que ſignifie ce départ précipité.... Que la jeuneſſe eſt inconſéquente !...

# COMÉDIE.

## SCENE V.

#### M. HERVÉ, Madame HERVÉ.

#### M. HERVÉ.

Bonjour Madame.

#### Madame HERVÉ, à part.

*La reverrai-je ? la terreur s'empare de mon ame.*

#### M. HERVÉ.

Merval....

#### Madame HERVÉ, vivement.

Merval !

#### M. HERVÉ.

Vient de monter à cheval. Monsieur va se promener au bois de Boulogne. Madame....

#### Madame HERVÉ.

Monsieur.

#### M. HERVÉ.

Je veux renvoyer Merval à son père.

#### Madame HERVÉ, vivement.

Êtes-vous fou ?

#### M. HERVÉ.

L'air de Paris ne lui vaut rien.

#### Madame HERVÉ.

Comment donc ! il se porte à merveille, il est frais comme la rose.

#### M. HERVÉ.

Vous ne m'entendez pas ; ce jeune homme se perd ici, il n'y fait rien....

#### Madame HERVÉ.

Erreur ! je vous assure qu'il est occupé.

#### M. HERVÉ.

A des sottises, il perd son tems à l'Opéra, aux Variétés. Il hante mauvaise compagnie.

#### Madame HERVÉ.

Il ne voit pourtant que des jeunes gens de qualité.

#### M. HERVÉ.

Tant pis : est-ce une société pour lui ?

#### Madame HERVÉ.

C'est la meilleure qu'il puisse voir ; il se formera, il apprendra....

#### M. HERVÉ.

A conduire un Cabriolet, à tromper quelques femmes ; il enrichira sa mémoire des noms de toutes les élégantes de Paris ; savante nomenclature ! quelle école !

#### Madame HERVÉ.

C'est pourtant de cette école que l'on tire ceux qu'on élève aux premieres charges.

#### M. HERVÉ.

Oui, c'est la pépinière de nos grands hommes, cela saute aux yeux.

#### Madame HERVÉ.

C'est là qu'il trouvera des amis qui l'aideront....

#### M. HERVÉ.

A se perdre : apprenez que ces gens là en s'élevant ne songent à personne, encore moins au fils d'un petit Procureur. Belle manie qu'ont les bourgeois de Province d'envoyer à Paris leurs roturiers d'enfants pour être élevés comme d'apprentifs Seigneurs ! & moi, Madame, si vous eussiez pu me donner un fils, je l'aurois fait étudier dans la Province la plus reculée.

## COMÉDIE.

#### Madame HERVÉ.
Ce n'est pas la première sottise que vous auriez faite. Allez, ne vous inquiettez point du sort de Merval. Il fera son chemin ; il a tout ce qu'il faut pour s'avancer dans le monde. Paré du premier éclat de la jeunesse, il entre dans sa dix-septième année ; il a une taille svelte, élancée, ses yeux noirs brillent de vivacité ; une physionomie heureuse, de la douceur, & une tournure aisée achevent le portrait d'un homme charmant. Ajoutez à tout cela beaucoup d'esprit.

#### M. HERVÉ.
Oui, les femmes lui en trouvent.

#### Madame HERVÉ.
Et il en a : sa conversation est avec elles facile & abondante.

#### M. HERVÉ.
Mais avec les hommes, l'activité de son imagination paroît s'éteindre, & il parle peu.

#### Madame HERVÉ.
Cependant il a de la pénétration.

#### M. HERVÉ.
Mais sans aucun talent décidé.

#### Madame HERVÉ.
Il pourroit exercer sagement les emplois de la société. Son caractère est flexible, doux.

#### M. HERVÉ.
Mais son âme sans ressort reçoit aisément toutes les impressions qu'on veut lui donner : la vanité, le goût de la parure, l'ardeur de briller par les petites choses, passion des âmes foibles & communes, sont celles qui paroissent lui donner quelque énergie : ces passions factices qui agiteront le reste de sa vie, sont les fruits des principes de

sa mère, & de ses liaisons au collège avec quelques jeunes gens de naissance; il rougit de son père, & ne pardonne pas à la fortune l'obscurité de son origine; il en est toujours inconsolable.

### Madame HERVÉ.

Idée! chimère! vision! Merval possède au supreme degré l'art de plaire....

### M. HERVÉ.

Aux femmes, n'est-ce pas? Cela se conçoit. Elles ne cessent d'admirer, de louer, de regarder sa taille légère, son air aisé, son frac leste & galant, la hauteur, le volume de ses cheveux, l'amplitude de ses boutons, ses vastes boucles, sa culotte jaune bien serrée, bien adaptée à la cuisse, son gilet à bordure, & ses deux chaînes de montre enrichies de breloques qui se jouent & flottent au hazard. Cet appareil est bien fait pour frapper l'imagination & le cœur des femmes.

### Madame HERVÉ.

Toujours caustique! toujours sevère! rude, inéxorable.

### M. HERVÉ.

Et vous, Madame, toujours bonne, indulgente, plaidant la cause des jeunes étourdis; mais, bref, je veux bien pour vous complaire garder encore Merval jusqu'à ce que son éducation soit achevée; mais je promets de le veiller de fort près, & de le renvoyer à son village, à la première faute.

( *Madame Hervé se retire en haussant les épaules.* )

## SCENE VI.

### M. HERVÉ.

Madame Hervé! Madame Hervé!...

## SCENE VII.

### M. HERVÉ, GERVAL.

#### M. HERVÉ.

Ah! bonjour, mon ami.

#### GERVAL.

Je viens de rencontrer Madame Hervé, elle paroît bien émue.

#### M. HERVÉ.

C'est que nous parlions de son protégé.

#### GERVAL.

De Merval?

#### M. HERVÉ.

De lui. Je peignois à ma femme les nombreux défauts de cet étourdi.

#### GERVAL.

Et le portrait n'a point paru ressemblant?

#### M. HERVÉ.

Non, car il n'étoit point flatté.

#### GERVAL.

Je ne m'étonne plus de l'agitation de ta femme, elle prend à ce jeune homme un intérêt.... à propos, comment souffres-tu?...

M. HERVÉ.

Je t'entends, tu attribues ma conduite à une foiblesse condamnable, à une bonhommie ridicule; détrompes-toi; elle est le fruit de la réflexion. Ma femme a quarante cinq ans, elle aime un jeune homme qui n'en a que dix-sept. Je l'abandonne à son penchant. Elle trouvera sa punition dans la source même de sa faute, dans son propre cœur. Elle verra bientôt qu'un jeune homme qui s'attache à une femme d'un certain âge, n'a d'autre but que d'en faire sa dupe; elle reconnoîtra tout l'excès de son aveuglement; & détrompée, éclairée sur sa faute, pleurant sur son erreur, elle implorera ma tendresse. & son cœur se reposant contre le mien, y cherchera le calme qu'il avoit perdu. Mais je l'apperçois; elle paroît bien agitée; retirons-nous & laissons-la à ses reflexions. (*Ils sortent.*)

## SCENE VIII.

#### Madame HERVÉ, *seul.*

Je ne puis rester en place. Merval ne revient pas. Je ne sais quels noirs pressentimens épouvantent mon cœur. Où est-il? que fait-il?... quel tourment! mais je vois Monsieur Verseuil, c'est son plus intime ami, peut-être pourra-t-il me donner de ses nouvelles.

## SCENE IX.

Madame HERVÉ, VERSEUIL.

VERSEUIL.

(*A part*) Jouons notre rôle. (*Haut & d'un air triste.*) Madame il est survenu à Monsieur Merval un grand malheur.

Madame HERVÉ, *avec effroi.*

Eh! quoi, Monsieur?

VERSEUIL.

Il s'est battu.

Madame HERVÉ.

Ah! Dieu! Il est mort!

VERSEUIL.

Non, Madame, mais sa situation n'en est pas moins fâcheuse.

Madame HERVÉ.

Monsieur le Chevalier, parlez, de grace, ne me déguisez rien.

VERSEUIL.

Ce n'est point mon intention, Madame, d'autant que vos conseils peuvent lui être d'une grande utilité. Hier, à l'Opéra, il eut une dispute avec un Officier de Dragons, la discussion, comme c'est l'ordinaire, s'éleva sur une bagatelle. Le Dragon ne concevoit pas qu'on pût aimer une femme de quarante ans; mon ami soutenoit qu'il en connoissoit de très-aimables & bien dignes de l'attachement d'un jeune homme; l'autre lui répond malignement que ce sont là apparemment ses bonnes fortunes. Merval repliqua que si cela étoit il en feroit gloire: les esprits s'échauffent, l'ironie s'en mêle, le sarcasme part, frappe, blesse, & soudain rendez-vous pour ce matin au bois de Boulogne.

### Madame HERVÉ.
Est-ce que vous ne pouviez pas les appaiser, les raccommoder?

### VERSEUIL.
J'ai essayé, mais il étoit trop tard, l'honneur outragé vouloit du sang.

### Madame HERVÉ.
Quel préjugé horrible!

### VERSEUIL.
Merval est venu me prendre pour lui servir de témoin. Le Dragon étoit accompagné de son frère; ils ont quitté leurs habits.

### Madame HERVÉ.
Comment! Ils se sont battus en chemise.

### VERSEUIL.
Sans doute, on ne se bat pas autrement.

### Madame HERVÉ.
Poursuivez. Tout mon sang se glace. Le pauvre enfant!

### VERSEUIL.
D'abord, mon ami a reçu un coup terrible, l'epée a passé jusqu'à la garde....

### Madame HERVÉ.
O ciel! je me meurs. Où Monsieur!

### VERSEUIL.
Sous le bras, Madame, sous le bras. Mais lui, sans s'étonner, a riposté avec tant d'adresse, de vivacité

vivacité & de bonheur, qu'il a percé son adversaire de part en part, la lame sortoit d'un pied.
### Madame HERVÉ.
Cela fait horreur !
### VERSEUIL.
Il est tombé, le sang jaillissoit à gros bouillons.
### Madame HERVÉ.
Un moment, je vous prie, je suis prête à me trouver mal.
### VERSEUIL, *en tirant un flacon de sa poche.*
Respirez, Madame, ce sel voiatil.
### Madame HERVÉ.
Continuez. Monsieur.
### VERSEUIL.
Alors nous avons porté tous nos secours au blessé ; j'ai arrêté l'effusion du sang, le mieux que j'ai pu, & nous l'avons ramené chez lui, où peut-être en ce moment il expire.
### Madame HERVÉ.
Quel évènement affreux ! J'en avois le malheureux pressentiment.
### VERSEUIL.
Il ne vous a pas trompé. J'ai fait tout de suite cacher Merval chez-moi ; delà je suis revenu trouver le frère du Dragon pour étouffer cette affaire. Le croiriez-vous, Madame ? Un bon Gentilhomme, mais dérangé, abimé de dettes, a la bassesse de demander de l'argent, une somme considerable, sans quoi il menace de poursuivre Merval jusqu'aux enfers, de le livrer à la sévérité de la justice. Jugez du désespoir du pauvre Merval ; il faut qu'il parte, qu'il quitte votre maison qu'il aimoit tant ; il ne cesse de pleurer. J'ai déjà couru chez plusieurs amis pour trouver du secours, mais

vainement ; perſonne n'a d'argent, les bourſes ſont fermées, & les cœurs glacés.

Madame HERVÉ.

Combien, Monſieur, exige t-on ?

VERSEUIL.

Une ſomme énorme, épouvantable ; deux cents louis.

Madame HERVÉ.

Elle ne ſeroit pas exceſſive, ſi je les avois.

VERSEUIL.

Je doute, Madame, qu'il voulut les accepter de vous. Il m'a confié qu'il vous avoit déjà les plus grandes obligations, qu'il aime mieux périr que d'abuſer de vos bontés : hélas ! il eſt perdu, il partira pour Bruxelles dans une heure.

Madame HERVÉ.

Il ne partira pas, je ne veux pas l'abandonner, je ſuis trop attachée à ſa famille : voila mes diamans, mettez-les en gage, qu'il ſatisfaſſe cet homme vil qui vend le ſang de ſon frère.

VERSEUIL.

Je vais donc, Madame, le déterminer à les accepter : vous lui rendez un ſervice bien important, & dans quelle circonſtance ! Que les jeunes gens ſont heureux de trouver des amies auſſi généreuſes que vous. ( *A part en riant.* ) Et auſſi folles. ( *Haut.* ) Adieu, Madame, je vais porter à mon ami ce gage de vos bontés, & il ne tardera pas ſans doute à venir vous témoigner l'excès de ſa reconnoiſſance. ( *A part, en s'en allant.* ) Vieilles coquettes, voila les tours qu'on vous joue.

## SCENE X.

#### Madame HERVÉ, *seul.*

QUELLE fatale aventure ! ce pauvre enfant ! c'eſt cependant ſon amour pour moi qui vient de l'expoſer au plus grand des dangers. Il m'aime ſi tendrement ! & moi.... Oh ! moi, je l'aime d'un amour dont je n'ai point à rougir. Non, ma vertu ne murmure point de ma foibleſſe : la pureté de nos vœux eſt l'excuſe du penchant qui nous entraîne l'un vers l'autre. Je vais pendant quelques jours être privé de mes diamans ; cher Merval ! que cette privation me ſera douce ! je verrai briller dans tes yeux les doux pleurs de la reconnoiſſance ; & que ſont les plus beaux diamans du monde auprès d'une larme de l'amour.

## SCENE XI.

#### M. HERVÉ, Madame HERVÉ.

#### Madame HERVÉ.

EH ! quoi ! c'eſt encore vous, Monſieur.

#### M. HERVÉ.

Oui, Madame, c'eſt encore moi, le plaiſir de vous voir....

## LE DUEL SUPPOSÉ,

Madame HERVÉ.

Ah ! de la tendresse ! vous allez me faire mourir d'ennui.

M. HERVÉ.

Oui, laissons cela, c'est un sujet usé pour vous ; & à votre âge on ne songe plus....

Madame HERVÉ.

A mon âge ! à mon âge ! Ne semble-t-il pas que j'aye....

M. HERVÉ.

Quarante-cinq ans.

Madame HERVÉ.

Eh ! bien ! si je les ai, y a-t-il là de quoi se récrier ? il est des yeux qui me trouvent plus jeune....

M. HERVÉ.

Que vous ne devriez le paroître.

Madame HERVÉ.

Monsieur....

M. HERVÉ.

Madame....

Madame HERVÉ.

Vos expressions ont une amertume....

M. HERVÉ.

C'est qu'elles sont justes ; mais vous voilà vous autres femmes ! votre cœur s'ouvre à la douceur du mensonge, & se ferme à l'amertume de la vérité.

Madame HERVÉ.

Si vous saviez combien vous êtes insipide quand vous donnez dans la morale, vous ne vous en mêleriez jamais.

## SCÈNE XII.

### Les mêmes, GERVAL.

#### GERVAL, à M. Hervé.

J'AUROIS deux mots à te dire en particulier (à *Madame Hervé.*) Madame, pardonnez.

#### M. HERVÉ, bas.

De quoi s'agit-il donc?

#### GERVAL, bas.

D'une espièglerie de Merval, que son ami Verseuil a eu l'étourderie de me raconter, & qui pourra ouvrir les yeux à sa femme.

#### Madame HERVÉ.

Messieurs, vous avez à parler en secret. Je me retire.

#### M. HERVÉ.

Non, Madame, c'est nous qui allons vous laisser. (*A Gerval en sortant.*) Je suis d'une impatience d'apprendre....

## SCÈNE XIII.

### Madame HERVÉ, *seule.*

JE ne suis pas fâchée que Gerval engage mon mari dans un entretien qui pourra le retenir quelque tems. Merval ne tardera pas sans doute à venir; j'entends quelqu'un.... Peut-être.... Oui, les battemens de mon cœur m'annoncent que c'est lui.

## SCENE XIV.

Madame HERVÉ, MERVAL, *un bras dans une écharpe.*

#### MERVAL, *accourant.*

C'est moi, c'est moi qui vous aime, qui vous adore, qui embrasse vos genoux, qui, rempli d'amour, de respect, viens exhaler à vos pieds les transports de mon cœur, de ma reconnoissance. Quoi ! vous avez daigné....

#### Madame HERVÉ.

Ne parlons point de cela, je vous vois ; & m'offrir votre présence, n'est-ce pas vous acquitter.

#### MERVAL.

Charmante femme.... ( *A part.* ) J'ai des remords de la tromper ; elle m'aime de si bonne foi ! Sa tendresse est si pure....

#### Madame HERVÉ, *tendrement.*

Qu'avez-vous ? Vous êtes encore un peu agité ; ah ! j'en devine la cause. Le souvenir d'avoir tué un homme, peut-être estimable au fond, vous tourmente ! Ah ! moi-même je me sens à cette image attendrie jusqu'aux larmes.

#### MERVAL, *en lui baisant la main.*

Combien les vertus de votre âme humilient la mienne ! Combien je suis indigne de vos bontés !

#### Madame HERVÉ.

Que dites-vous ?

## COMÉDIE.

MERVAL, *à part.*

Que je rougis à mes propres yeux ! Quelle bassesse ! quelle lâcheté d'abuser de sa tendre crédulité.... Et pour qui ?

Madame HERVÉ, *tendrement.*

Vous ne me dites rien.

MERVAL, *à part.*

L'amitié, la confiance, l'hospitalité, les droits les plus inviolables, les plus sacrés, je les oublie tous, je les trahis tous, & pour qui ?

Madame HERVÉ.

Cher Merval, que ce silence, que l'agitation où je vous vois, remplissent mon âme d'inquiétude !

MERVAL, *à part.*

Osons tout avouer. ( *A Madame Hervé en tombant à ses pieds* ) Vous voyez à vos pieds le plus criminel des hommes....

Madame HERVÉ.

Qu'entens-je.... ( *On frappe à la porte.* )

M. HERVÉ, *en dehors.*

Où donc est ma femme ?

Madame HERVÉ.

Oh ! Ciel ! Mon mari !... S'il vous voyoit avec cette écharpe, & dans cette posture, il se douteroit.... Cachez-vous dans ce cabinet. ( *Merval entre dans le cabinet.* )

## SCENE XV.

Madame HERVÉ, M. HERVÉ,
MERVAL, *dans le cabinet.*

#### M. HERVÉ.

Qu'avez-vous donc? Madame, comme vous voila rouge, agitée! Est-ce moi qui....

#### Madame HERVÉ.

Non, Monsieur, je vous jur. Voila bien les maris; ils se croyent toujours les objets de nos émotions.

#### M. HERVÉ.

Pas tous: Il en est de clair-voyans, qui savent à quoi s'en tenir & se résigner. Mais venons au but de cette visite inespérée : vous rappellez-vous, Madame, que je vous ai prédit que le petit Merval se perdroit dans Paris, qu'il deviendroit un très-mauvais sujet.

#### Madame HERVÉ.

Oui ; mais vos prophéties sont fausses, comme tant d'autres.

#### M. HERVÉ.

Non, Madame, elles sont vraies, accomplies.

#### Madame HERVÉ.

Je trouve au contraire qu'il acquiert tous les jours, qu'il a beaucoup gagné....

#### M. HERVÉ.

En ruses, en libertinage, & en effronterie.

## COMÉDIE.

Madame HERVÉ.

Monsieur, pour juger un jeune homme, rapportez-vous en au coup-d'œil des femmes.

M. HERVÉ.

Oui, pour certain mérite. Vous ne savez donc pas l'histoire de ce petit drôle ?

Madame HERVÉ.

Monsieur, vos épithètes....

M. HERVÉ.

Sont pittoresques, bien choisies.

Madame HERVÉ.

Il faut toujours parler des absens comme s'ils étoient présens.

M. HERVÉ.

Aussi fais-je, Madame, & je ne serois pas fâchez qu'il fût dans ce cabinet, & qu'il m'entendît : mais avançons, le conte est plaisant & moral, il pourra vous égayer. Ce petit libertin donc, est amoureux d'une de ces déesses qui pèsent leurs faveurs dans la balance de Plutus.

Madame HERVÉ.

Je le nie ; il a le goût trop délicat, l'ame trop sensible, & s'il aime, c'est à coup sûr une femme honnête.

M. HERVÉ.

Comme vous, n'est ce pas ? mais si vous voulez en savoir davantage, ne m'interrompez pas à chaque phrase. Il aime, vous dis-je, ou plutôt il entretient ce qu'on appelle une....une....(*avec ironie*) une Demoiselle.

Madame HERVÉ.

Où prendroit-il de l'argent ? son père ne le prodigue pas.

##### M. HERVÉ.

Il en trouve : il y a dans Paris des ames charitables qui pourvoyent aux besoins de la jeunesse. Il a eu le bonheur de rencontrer une de ces femmes de bien qui achetent leurs galans avec l'or de leurs benêts de maris.

##### Madame HERVÉ.

Pure calomnie : je connois bien Merval.

##### M. HERVÉ.

Oui, sans doute, vous le connoissez un peu mieux que moi ; cependant vous avez encore des découvertes à faire. Sachez que son heureuse étoile lui a fait trouver une femme vieille, pas jolie, même laide, qui daigne payer son luxe & ses plaisirs.

##### Madame HERVÉ.

Pour vous croire il faudroit des preuves d'une évidence....

##### M. HERVÉ.

Vous en aurez, patience ; c'est donc, comme je vous disois, une femme vieille & laide....

##### Madame HERVÉ.

Défaites-vous de ces locutions grossières : qu'en savez vous ?

##### M. HERVÉ.

Mon dieu ! laissez moi parler à ma manière, je n'ai pas le choix des expressions. Je disois donc que le beau Merval, aux gages d'une beauté surannée, le mot est plus doux, entretient aux frais de cette beauté une de ces Nymphes ; celle-ci vient de faire achat d'une maison de campagne ; voila le brillant Merval chargé de payer au vendeur deux cens louis ; où prendre cette somme ? vous allez voir que l'amour est inventif.

Écoutez bien ceci : il va se battre, tue son homme ; pour assoupir l'affaire, & appaiser un frère avide, il faut deux cens louis, ou s'expatrier & s'éloigner d'une femme adorable : affreuse situation ! mettez-vous pour un moment à la place de cette tendre amante : qu'auriez-vous fait ? celle-ci auroit mis son pauvre époux en gage pour sauver son amant. Pour cette fois elle s'est contentée d'y mettre ses diamans ; elle les donne à un Chevalier confident, porteur de la nouvelle, qui, dit-on, a fort bien joué son rôle. Eh bien, Madame, vous gardez le silence ? vous avez l'air un peu étonné : ne trouvez-vous pas que cet essai vaut un coup de maître ? ce jeune homme ira loin, très-loin ; mais vous rêvez toujours ? est-ce que vous douteriez encore ?

Madame HERVÉ.

L'action est si noire, si infâme, que je ne puis me persuader....

Mc. HERVÉ.

Vous n'êtes pas facile à convaincre : je vois que pour guérir radicalement votre incrédulité, il faut des pièces justificatives & parlantes. (*En lui présentant l'écrain qu'il ouvre.*) Voyez, Madame, par vous-même, & jugez si je suis digne de croyance.

Madame HERVÉ, *à part, en jettant les yeux sur l'écrain.*

Ah ! malheureuse.

Mc. HERVÉ.

Eh ! bien ! est-ce-là de l'évidence ? sont-ce des preuves ? comme je m'intéresse un peu à ce pauvre mari, j'ai cru devoir retirer l'écrain que sa chère moitié faisoit si généreusement voyager au Mont-de-piété.

Madame HERVÉ, *à part.*

L'indigne!

M. HERVÉ, *froidement.*

Apropos, Madame, avez-vous déjeuné?

Madame HERVÉ.

Non, Monsieur.

M. HERVÉ, *froidement.*

Il faut prendre quelque chose, il est tard. Adieu, Madame. (*Il sort.*)

---

SCENE XVI.

Madame HERVÉ, MERVAL, *dans le Cabinet.*

Madame HERVÉ, *appellant.*

MERVAL. (*Un moment de silence.*) Merval. (*Elle va ouvrir la porte du Cabinet.*) Osez paroître, Monsieur, ne craignez point mes reproches; je ne m'abaisserai point à vous en faire.

MERVAL.

Vous me voyez confondu, écrasé sous le poids de ma faute. Je ne chercherai point à me justifier; je suis le plus coupable des hommes.

Madame HERVÉ, *avec douleur.*

Il est donc vrai.... J'en doutois encore. (*A Merval, froidement.*) Monsieur, vous pouvez aller vous egayer sur ma crédulité avec les indignes confidens de vos lâches noirceurs. Je ne vous retiens plus.

# COMÉDIE.

## SCENE XVII & derniere.

Madame HERVÉ, MERVAL, M. HERVÉ, *au fond du Théâtre.*

MERVAL, *tombant aux pieds de Madame Hervé.*

Ah! n'achevez pas de m'accabler. Que mon repentir vous touche! voyez mes larmes; elles cherchent mon pardon jusques au fond de votre cœur. Rendez moi votre estime, votre bienveillance....

Madame HERVÉ.

Jamais, Monsieur, jamais. Malheureuse que je suis! mes efforts, mes soins me rendront-ils la tendresse de mon mari! voudra-t-il me pardonner....

M. HERVÉ, *en s'avançant.*

Il veut plus, il veut vous réconcilier.

MERVAL.

Oh! ciel.

Madame HERVÉ.

Ah! Monsieur.... Vous sçavez quelle erreur....

M. HERVÉ.

Qu'il n'en soit plus question. (*A Merval qui veut déchirer son écharpe*) Gardez cette écharpe; gardez là; puisse-t-elle vous rappeller sans cesse la honteuse supercherie dont vous vous êtes rendu coupable; & quand un ami dangereux voudra s'emparer de votre cœur, puisse-t-elle vous défendre contre ses conseils & sauver votre vertu des pieges où le vice tentera encore de l'entraîner. Vos fautes ne viennent point de votre cœur, l'exemple....

    MERVAL, *vivement.*

Ah! oui, Monsieur, l'exemple, les conseils.... C'est Verseuil, c'est lui qui a imaginé la ruse infernale....

    M. HERVÉ.

N'en parlons plus. Mais, Merval, vous voyez de quels dangers vous êtes environné, il est tems que vous retourniez dans l'asile innocent de vos bons parens. Pour vous, Madame, je ne crains pas que vous retombiez; la leçon que vous venez d'essuyer a été un peu vive; que ne peut-elle servir d'exemple à toute femme qui, dans un âge avancé, reçoit les soins d'un jeune homme & croit à la sincérité de son amour.

*F I N.*

---

Lû & approuvé. A Paris le 8 Janvier 1789.
        SUARD.

Vu l'*Approbation*, permis de *Représenter*. A Paris, ce 9 Janvier 1789.    DECROSNE.

# DRAMES ET COMÉDIES

*Qui se trouvent chez* CAILLEAU, & fils
*Libraires-Imprimeur, rue Galande, N°. 64.*

### A.

Abdolonime, ou le Roi berger.
A bon Chat, bon Rat.
A bon Vin point d'enseigne.
Alexis & Rosette.
Amant de retour. (l')
Amour & Bacchus au Village. (l')
Amour Quêteur. (l')
Amour Suisse. (l')
Amours de Montmartre. (les)
Anglais à Paris (l')
Anglais (l') déguisée.
Arlequin muet.
Arlequin Roi dans la Lune.
Artisan Philosophe. (l')
Aveux imprévus. (les)
Avocat Chansonnier. (l')
    Bal Masqué. (le)
Ballon. (le)
Barogo
Bataille d'Antioche. (le)
Battus payent l'amende. (les)
Bayard.
Bienfaisans. (les)
Bienfait anonime. (le)
Bienfait récompensé. (le)
Blaise le Hargneux.
Bon Seigneur. (le)
Bon Valet (le)
Bonnes gens. (les)
Boniface Pointu.
Bons Amis. (les)
Bottes de foin. (les)
Brebis (la) entre deux Loups.
    Cabinet de Figures. (le)
Cacophonie. (la)
Café des Halles. (le)
Ça n'en est pas.
Caprices (le) de Proserpine.
Carmagnol & Guillot Gorju.
Chacun son Métier.
Cent Écus. (les)
Cent Louis. (les)
Consultations. (les)
Corbeille enchantée. (la)
Christophe le Rond.

Churchill amoureux.
Colporteur supposé. (le)
    Dangers des Liaisons. (le)
Défauts Supposés. (les)
Déguisemens Amoureux. (les)
Déguisemens. (les)
Déserteur, Drame.
Devin par hasard. (le)
Deux (les) font la paire.
Deux Fermiers. (les)
Deux Fourbes. (les)
Deux Locataires. (les)
Deux Sœurs. (les)
Deux Sylphes. (les)
Dinde du Mans. (la)
Diogène Fabuliste.
Double Promesse. (la)
Dragon (le) de Thionville
Duc (le) de Montmouth.
Duel (le)
Dupes de l'Amour. (les)
    Échange (l') des deux Valets.
École des Coquettes. (l')
Écoliers devenu Maître. (l')
Écossaise. (l')
Écouteur aux Portes. (l')
Emménagement de la Folle. (l')
Enrôlement supposé. (l')
Ésope à la Foire.
Espièglerie amoureuse. (l')
Étrennes de l'Amour. (les)
Eustache Pointu.
    Fanfan & Colas.
Fanny.
Faux Talisman. (le)
Fausses Consultations. (les)
Fausses Infidélités. (les)
Faux Ami, Drame. (le)
Faux Billets Doux. (les)
Fédéric & Cirice.
Femme comme il en a peu. (la)
Femme & le Secret. (les)
Fête des Halles. (la)
Fête Villageoise. (la)
Fin contre Fin.
Fête de Campagne. (la)

Folle Épreuve. (la)
Folies à la mode. (les)
Fou par amour. (le)
Fou raisonnable. (le)
Freres. (les deux)
Freres. (les deux petits)
 Guerre ouverte.
Gilles ravisseur.
 Héloïse (l') Angloise.
Heureuse (l') rencontre
Hymen (l'), ou le Dieu jaune.
Homme (l') comme il y en a peu.
Homme (l') noir.
Homme (l') & la Femme comme il n'y en a point.
 Jacquot & Colas Duellistes.
Jacquot parvenu.
Janot chez le Dégraisseur.
Jeannette, ou les Battus &c.
Jean qui pleure & Jean qui rit.
Jérôme Pointu.
Jeune (la) Epouse.
Jeune Indienne. (la)
 Il étoit tems.
Inconnue persécutée. (l')
Inconséquente. (l')
Intrigans. (les)
Lingere (la) ou la Bégueule.
Loi de Jacab. (la)
 Mal-entendu. (le)
Mannequins (les)
Manteau écarlate. (le)
Mariage de Barogo. (le)
Mariage de Janot. (le)
Mariage de Melpomène. (le)
Mariage par Comédie. (le)
Margot la Bouquetiere.
Mari (le) à deux femmes.
Marseille sauvée, Tragédie.
Martines. (les deux)
Matinée (la) du Comédien.
Médecin (le) malgré tout le monde.
Méfiant. (le)
Mélite & Lindor.
Mensonge excusable. (le)
Méprise (la) innocente.
Mieux fait douceur que violence.
Mere de Famille. (la)
Momus Philosophe.
Musicomanie. (la)
 Naufrage d'Amour. (le)
Nègre blanc. (le)
Ni l'un ni l'autre.
Nouveau parvenu. (le)
Nœud d'Amour. (le)

Nouvelle Omphale. (la)
La Nuit aux aventures.
Ombres (les) anciennes.
Oui ou non.
 Parisien dépaysé. (le)
Pension (la) Genevoise.
Petites Affiches. (les)
Pierre Bagnolet & Claude Bagnolet
Poule au Pot. (la)
Pourquoi pas ?
Pouvoir (le) des Talens.
 Quatre Coins. (les)
Quiproquo de l'Hôtellerie. (le)
 Ramoneur Prince (le).
Repas des Clercs. (le)
Repentir (le) de Figaro.
Revenant. (le)
Roméo & Juliette, Drame.
Rose & l'Epine. (la)
Ruse inutile. (la)
 Sabotier, (le) ou les huit sols
Saintongeoise. (la)
Sculpteur. (le)
Sculpteur en Bois (le).
Sept n'en font qu'un. (les)
Sept (les) en font deux.
Serrail à l'encan. (le)
Soi-disant Sage. (le)
Sophie.
Solitude. (la)
Sourd. (le)
Suzette & Colinet.
Sultan Généreux. (le)
Têtes (les) changées.
Thalie, la Foire & les Pointus.
Théâtromanie. (la)
Tibere, Tragédie.
Torts (les) apparens.
Tracasseries de Village.
Triomphe (le) de la bienfaisance.
Tripot Comique. (le)
Triste Journée (la).
Trois Aveugles (les)
Trois Léanores. (les)
Turcaret, de le Sage.
Usurier dupé (L')
Valet (le) à deux Maîtres,
Vannier (le) & son Seigneur.
Vendanges de Suresne. (les)
Vénus Pélerine.
Verseuil.
Veuve (la) comme il y en a peu.
Veuve (la) Angloise.
Wist, (le) & le Loto.
 Zarine, Tragédie.

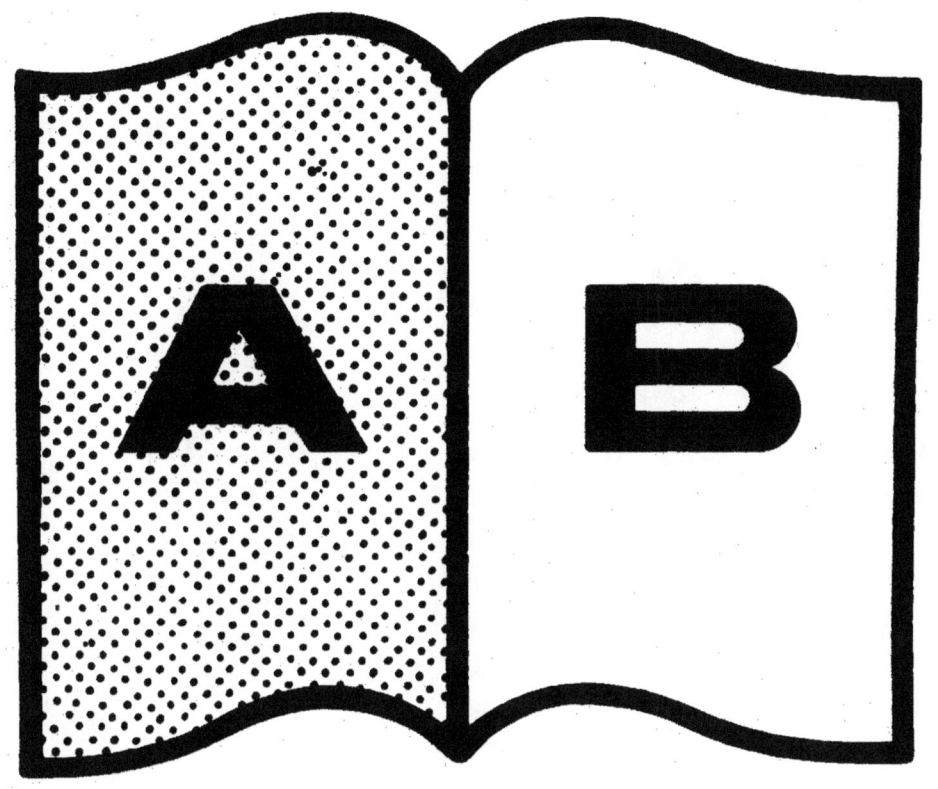

Contraste insuffisant

NF Z 43-120-14

www.ingramcontent.com/pod-product-compliance
Lightning Source LLC
Chambersburg PA
CBHW060719050426
42451CB00010B/1521